GLAC edições

*a GLAC edições compreende que alguns dos
livros–textos publicados por ela devem servir ao uso livre.
portanto, que se reproduza este com ou sem autorização,
apenas citando a fonte e sem fins comerciais.*

PREFIXO EDITORIAL
65-86598

OFENSIVAS
A POTÊNCIA DO NÃO RETORNO À NORMALIDADE
Paulo Spina

ISBN . 1ª EDIÇÃO
978-65-86598-04-9

autor **Paulo Spina**
posfácio **Jean Tible**
capa e ilustrações **Pedro Andrada**
leitura crítica **Lígia Balista e Denise Algures**
edição e proj. gráfico **Leonardo Araujo Beserra**
coedição e preparação **Gustavo Motta**
revisão **Lia Urbini**

© Paulo Spina, 2020

© GLAC edições, agosto de 2020
rua conselheiro ramalho, 945, 1º andar, sala 4, 01325-001,
bela vista, são paulo – sp | glacedicoes@gmail.com

* *a GLAC edições agradece especialmente
a Lígia Balista e a Denise Algures, pois suas contribuições
proporcionaram a efetiva edição deste livro.*

OFENSIVAS
A POTÊNCIA DO NÃO RETORNO À NORMALIDADE

paulo spina
posfácio por jean tible

07 . A PANDEMIA E A SOLIDARIEDADE TRANSVERSAL

15 . O FLANCO ABERTO DO PENSAMENTO NEOLIBERAL

I . OFENSIVA por transformações transnacionais 21

II . OFENSIVA por transformações nacionais 29

III . OFENSIVA por transformações comunitárias 35

IV . OFENSIVA pelas transformações domésticas 51

57 . TODO SONHO COLETIVO DISPUTA UM LUGAR

65 . **chão e terra**
posfácio por Jean Tible

76 . **sobre o autor**

A PANDEMIA E A SOLIDARIEDADE TRANSVERSAL

A pandemia de 2020 produziu uma situação completamente inesperada para a conjuntura atual que mudou as coordenadas de espaço-tempo de todas as relações, não importa a escala: as relações domésticas, as comunitárias, as nacionais e as internacionais. A crise sanitária evidencia uma crise econômica que já existia, e ambas, juntas, apontam para uma crise de saúde mental de proporções imprevisíveis.

Apesar dos desdobramentos inesperados da recente crise, a normalidade da estrutura capitalista da sociedade está diretamente vinculada ao próprio surgimento de pandemias – algo que se deu somente a partir do século XX. De fato, epidemias existiram em outros tempos, mas pandemias são essencial parte da atual organização de sociedade. Nesse sentido, vivemos um ciclo histórico no qual as pandemias não são fenômenos aleatórios ou isolados, mas compõem o metabolismo social – e estão interligadas a outros problemas mundiais, como a desigualdade social e a aceleração das mudanças climáticas.

No que se refere a estas linhas, o desafio específico a ser enfrentado não diz respeito à busca por soluções a curto prazo, mas à compreensão deste momento para além das ameaças que ele efetivamente carrega consigo: como oportunidade política a uma transformação radical efetiva. Defendo, assim, que tal transformação não ocorrerá de maneira espontânea, como pura consequência da pandemia, mas que tal horizonte de mudança somente poderá ser delineado pela ação coletiva de diversas pessoas – com razão, afeto e intencionalidade mobilizados na disputa que envolve a realização de um sonho coletivo.

Um dos horizontes pelos quais precisaremos lutar é o de nos esforçarmos para, com equidade e justiça, ampliar a potência das pessoas – reconhecendo que o sofrimento da pandemia atinge todos, mas de modos diferentes, por conra das desigualdades e das opressões históricas. O racismo e o patriarcado são opressões estruturais que se intensificam neste contexto trágico: o isolamento da quarentena, por exemplo, ampliou a violência doméstica. As mortes por Covid-19 atingiram diferentes extratos da sociedade, mas de forma particularmente intensa as populações negras[1] e mais pobres. Qualquer possibilidade de avanço na organização social – sua emancipação e seu enfrentamento das desigualdades – precisa se pautar pelo feminismo negro e considerar a interseccionalidade das múltiplas formas de opressão e de produção de subalternidades.

A política não precisa ser pensada apenas a partir de uma continuidade histórica breve, feita de acúmulos e transformações, pois isso limita tanto as possibilidades criativas quanto, por vezes, a oportunidade de irmos às raízes dos problemas. É preciso atravessar os limites lineares do curto prazo e da territorialidade nacional, e repensar a própria política – que deve ser encarnada em um projeto real com sua multiplicidade dinâmica. Isso significa arriscar pensar outros modos de política que desloquem as problemáticas para além dos polos – estados nacionais *versus* mercado global – aos quais a política atualmente se vincula. Significa conceber a política mais adiante dos cálculos econômicos anuais, extrapolando a perspectiva de gestões controladoras, para constituir, de modo humilde, com

---

[1] – Ver Camilo Rocha, "O impacto do racismo estrutural nas mortes por Covid-19", *Nexo Jornal*, 27. abr. 2020, em: https://www.nexojornal.com.br/expresso/2020/04/15/O-impacto-do--racismo-estrutural-nas-mortes-por-covid-19. [N. da Ed.: todos os acessos foram realizados em 27.jun.2020]

diversas outras experiências, um arcabouço político que amplie não apenas a potência entre as pessoas, mas a *solidariedade transversal*.

A circulação de uma doença nas proporções planetárias que estamos vivendo – ao romper o cotidiano das pessoas, ao colocar os diversos povos em suspensão com um cenário de muitas mortes em diversos locais e ao mudar a ordem das coisas nas rotinas econômicas – tem um efeito incontrolável no contexto político, potencialmente semelhante ao de... uma revolução. Uma revolução independe de sua referência ideológica, ela coloca em circulação uma ação política de força incontrolável,[2] que não apenas provoca transformações gerais, mas impede que essas transformações sejam controladas por sujeitos. Por isso, a revolução sempre é comparada a fenômenos naturais devastadores.

A pandemia do vírus SARS-CoV-2 colocou uma situação completamente nova a humanidade. Não pretendo discorrer sobre nosso despreparo para enfrentá-la. O fato é que a pandemia em curso precisa ser encarada como um acontecimento que, se por um lado nos bloqueia e nos retira de nossas imaginações controladoras, por outro acelera processos sociais já em curso. Ou seja, o que estava latente – a luta de classes – pode vir a emergir, fortalecendo a recriação, em bases coletivizadas e transformadoras, de dinâmicas da organização de sociedade. O sentido de uma possível transformação não é dado pelas reações imediatas e, por vezes,

---

2 – Ver as notas de aula de Vladimir Safatle, "Revolução política, instauração estética" (curso de pós-graduação no Dept. de Filosofia da USP, 2º semestre de 2018), p. 2. Disponível em: <https://www.academia.edu/38037779/Curso_integral_-_Revolu%C3%A7%C3%A3o_pol%C3%ADtica_instaura%-C3%A7%C3%A3o_est%C3%A9tica_2018>.

instintivas ao vírus. O sentido em que nos transformaremos enquanto humanidade será dado por nós, coletivamente, em nossas mudanças cotidianas e políticas. Como os diversos sentimentos e precipitações provocados pela pandemia irão nos afetar? Seremos capazes de ampliar a solidariedade? E como as ações fortalecedoras de solidariedade já existentes podem ter uma temporalidade ampliada para além das consequências críticas da pandemia?

Tal conjectura precisa ganhar contornos práticos ademais das importantes ações individuais e locais. Dessa forma, é momento de refletirmos sobre o quanto a aplicação da ideia de soberania tem sido um obstáculo incontornável a uma solidariedade global. A formulação subjetiva de um tal povo como soberano de determinado território – cujos limites vírus nenhum respeita – traz ao imaginário uma ideia de povo como sujeito político unitário que age, soberano, por si mesmo. Entretanto, a concretização desse poder soberano, mesmo que popular, faz que seja necessário anular, calar ou submeter diferenças – levando ao isolamento de minorias e a uma imunização dos considerados "de fora", que podem ganhar contornos mais e mais excludentes. A fascinante formulação "poder para o povo" não está livre de manipulações, nem de certa ideia de purificação relativa à definição de "quem é o povo", o que deixa uma fenda aberta para a proliferação de opressões. Mais ainda, na assim chamada democracia da sociedade contemporânea, a distância entre o compromisso da representação e o ato efetivo de representar produz invariavelmente uma lacuna relacionada à *produção de impotências*.

A preocupação aqui é delinear um caminho realista para a potência política, um que encontre alternativas à ideia de soberania e desenvolvimento, mas que esteja dentro do campo das possibilidades rearranjadas pela pandemia. A *solidariedade transversal* se refere a formulações e proposições políticas que nos atravessam por diversos espaços e tempos da organização da sociedade sem, contudo, hierarquizá-los de maneira funcionalista.

Dessa forma, cabe construir novos horizontes transnacionais, nacionais, comunitários e domésticos[3] – quatro ofensivas que coexistem e pluralizam as experiências e práticas políticas de maneira interligada, sem uma ordenação. A luta *transnacional*: por um mecanismo de solidariedade global através de uma perspectiva concreta de saúde planetária como expressão de um bem viver coletivo. A luta por um programa capaz de transformar o sentido do *Estado nacional*: para fortalecer a dimensão coletivista, com propostas alternativas de desenvolvimento humano, de relações com a natureza e de formas de consumo. A luta para criar camadas de poder *comunitário* e dos trabalhadores: que sejam expressões de solidariedade, com formas organizativas de poder distribuído entre todos, em interação autônoma com as estruturas de poder atuais. A transformação do espaço *doméstico,* que envolve a necessidade de mudanças subjetivas profundas capazes de fortalecer todas as outras mudanças.

As ofensivas aqui apresentadas são proposições. Propostas de horizontes mobilizados, nos quais o desejo de transformação coincide, em intersecção, com as possibilidades de realização. Atravessa este texto uma perspectiva negativa do próprio poder, uma utopia do avanço da *solidariedade transversal*, a partir de ações coletivas, que difere de uma posição marcada

---

3 – Ver Boaventura de Sousa Santos, *A difícil democracia: reinventar as esquerdas* (São Paulo, Boitempo, 2016), p. 137.

apenas pela vontade. As lutas aqui apresentadas têm uma dimensão na qual os poderes negam a si próprios, interrompendo a reprodução de sua lógica inerente – sempre a partir, é claro, de disputas efetivas, resistências programáticas e coalizões. Desse modo, defendo uma autolimitação dos Estados Nacionais na direção de um sistema de saúde planetário; busco uma camada comunitária que ocupe espaços de poder Executivo; e, na esfera doméstica, tenho a convicção – a partir de meu lugar de fala – de que homens também têm a responsabilidade de fortalecer a luta para colocar abaixo o próprio poder perverso do patriarcado.

O FLANCO ABERTO DO PENSAMENTO NEOLIBERAL

"Flanco" é uma palavra usada para designar uma manobra tática ofensiva que visa contornar pelos lados as alas inimigas, com possibilidades de causar uma surpresa tática, isolar o adversário em sua retaguarda por meio da interrupção de seus fluxos de comunicação, de reforços e de retirada. Há de se esclarecer que, ao usarmos essa designação não estamos concordando ou aderindo ao uso que vem sendo feito da palavra "guerra" – e de todo o vocabulário bélico-militar subjacente a esse uso – para explicar o enfrentamento da pandemia.[4] E também não queremos tratar como inimigas as pessoas que defendem o neoliberalismo. O ponto-chave é que o pensamento neoliberal – que se constitui hoje como hegemônico, em diversos locais, com sua lógica concorrencial desigual – tem sido historicamente um adversário da lógica que defendemos aqui, a de organização da sociedade com base na *solidariedade transversal*.

Nesse sentido, a pandemia abriu o flanco do pensamento neoliberal, obrigando governos neoliberais – tanto de direita como de esquerda – a tomarem medidas opostas às que estavam em vigor até então. Isso não significa que, mesmo agora, o neoliberalismo deixe de ser um sistema forte, que fornece respostas não apenas a práticas governamentais nacionais, mas às mais diversas gestões locais e formas de subjetividade – introjetadas nos indivíduos pela concorrência sistemática, na qual a desigualdade sempre prevalece. De fato, existem governos neoliberais de esquerda, que chegaram ao poder para contrariar a lógica de redução

---

[4] – Ver Acácio Augusto, *Guerra e pandemia: produção de um inimigo invisível contra a vida livre*, col. Pandemia Crítica, 018 (São Paulo, n-1 edições, 2020), disponível em: https://n--1edicoes.org/018.

do Estado, com a suposta pretensão de trazer "justiça social". Mas eles também estimulavam tanto a lógica da competitividade e do autoempreendedorismo quanto programas de reforma que aprofundaram processos de privatizações – o que significa que avançavam, de outro modo, na orientação neoliberal do Estado.[5] No Brasil, infelizmente, os governos petistas cumpriram esse papel. Mais recentemente, o presidente francês, Emmanuel Macron, adotou o mesmo caminho.

O flanco aberto significa que tal racionalidade neoliberal[6] não fornece – ao menos na velocidade necessária – as respostas para a situação inesperada de uma pandemia. No vácuo das ausências de respostas rápidas e efetivas, surge uma oportunidade política para ofensivas, para deslocamentos que só podem ser realizados por meio do fortalecimento de outras explicações que transformem os princípios básicos que norteiam o próprio pensamento hegemônico. Ocupar o espaço do neoliberalismo na conjuntura aberta pela pandemia quer dizer produzir outros formatos que possam ser aplicados e disputados, de maneira imediata, em cada local do globo.

Os proclamados princípios da estabilidade econômica e monetária precisam ser ressignificados na transformação da renda básica emergencial – distribuída, por exemplo, no Brasil – para uma renda básica permanente. O próprio modelo "empresa" precisa

---

5 – Ver Daniel Pereira de Andrade e Nilton Ota, "Uma alternativa ao neoliberalismo – Entrevista com Pierre Dardot e Christian Laval", em *Tempo social: revista de Sociologia da USP*, v. 27, n. 1, jun.2015, p. 286, disponível em: https://www.scielo.br/pdf/ts/v27n1/0103-2070-ts-27-01-00275.pdf.

6 – Para a formulação do neoliberalismo como uma "razão" que estrutura os processos de subjetivação, ver Pierre Dardot e Christian Laval, *A nova razão do mundo: ensaio sobre a sociedade neoliberal*, trad. Mariana Echalar (São Paulo, Boitempo, 2016).

ser ocupado por outras possibilidades completamente diferentes de contribuir com a sociedade. O modelo competitivo do "empreendedor de si mesmo" poderá ser ocupado por práticas solidárias de empreendimento social coletivo. E, assim, os sujeitos não serão mais desafiados a se autopromoverem, mas a ampliarem a solidariedade nas diferentes dimensões da vida.

A ascensão em escala planetária de maneira rápida e destrutiva da doença causada pelo novo coronavírus foi um acontecimento dotado de sincronicidade histórica, geopolítica, biológica, econômica e psicológica[7] que escancarou a interdependência entre as pessoas para um "bem viver" coletivo. Em contraposição à razão neoliberal, a racionalidade de organização da sociedade a partir do "bem viver" é uma concepção proveniente dos povos indígenas Aimara, Quechua e Guarani, aos quais duas ideias centrais são fundamentais para ocupar o espaço e se opor à racionalidade neoliberal: o sentido de pertencer à natureza e o sentido de comunidade.[8]

A organização neoliberal da vida efetua continuadamente uma culpabilização dos indivíduos – nela, os sucessos e, sobretudo, os fracassos são colocados como responsabilidade individual. Entretanto, a pandemia mostrou que os processos de adoecimento se referem menos ao empenho dos comportamentos individuais e mais, principalmente, a processos envolvendo o coletivo das populações. Dessa forma, o pensamento pragmático, hegemônico, que buscava se

---

7 – Formulação que devo ao professor Henrique Parra, pois retomo termos utilizados por ele em uma conversa informal.
8 – Ver Ivo Lesbaupin, "O bem viver". *Portal das CEBs*, 28.mai.2018, disponível em: http://www.ihu.unisinos.br/78-noticias/579449-para-salvar-a-humanidade-do-desastre-o-bem-viver.

legitimar como realista e responsável – tanto quando proclamado pela direita como pela esquerda –, não foi capaz de lidar com o adoecimento planetário. Rever os pilares que sustentam essas narrativas com proposições concretas torna-se urgente.

O vazio deixado pela pandemia nesse aspecto da narrativa neoliberal precisa ser ocupado por uma explicação ampla, que pressuponha e fortaleça uma dimensão comunitária do bem viver em que ações coletivas possam levar a um desenvolvimento comum, diminuindo o custo psíquico individual.

Se, no nível mais amplo, o mercado se fortalece por sua dinâmica global, nas escalas regionais, ao menos desde a crise de 2008, soberanias nacionais se fortaleciam por meio de uma dinâmica aparentemente oposta de estimular o sentimento cívico-nacional. Com a pandemia houve certo curto-circuito nessa lógica – que, agora vemos, era pautada na complementaridade dos opostos. Mesmo o papel do Estado, fortalecido ao menos em parte por ser o responsável por dar respostas emergenciais para as consequências da pandemia, precisa ser revisto em seu sentido. Se o neoliberalismo atuou para fazer o Estado defender os interesses da concorrência, da propriedade e do lucro, a pandemia nos impõe o desafio de tornar possível outra forma política na qual o Estado desempenhe outro papel, radicalmente distinto.

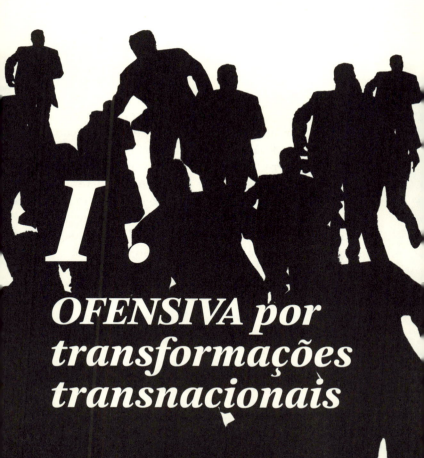

I.
OFENSIVA por transformações transnacionais

A profundidade do que nos atravessa enquanto humanidade nesta pandemia é ainda difícil de apreender, mas revelou de maneira nítida as insuficiências – para adotar uma linguagem educada – do sistema político global, com seus governos e formas de representação, no que se refere à preservação de vidas humanas. Tais insuficiências contrastam fortemente com a tão alardeada onipotência dos governos nacionais e do mercado global. Isso obriga que a solidariedade global seja materializada em proposições concretas para o fortalecimento e a criação de instituições transnacionais essenciais. A organização entre países precisa ser erguida pela irrupção de mecanismos fortes e duradouros de *solidariedade transversal*. Ao tornar-se concreta – com medidas efetivas –, a perspectiva de solidariedade poderá significar uma proposição alternativa de mentalidade e de subjetivação para os diversos sujeitos nos variados espaços-tempos de organização.

Nesse sentido, uma proposição efetiva é a constituição de uma rede de saúde planetária.[9] Uma rede que, inclusive, seja capaz de ir além da assistência em saúde, especificamente, atuando em relação aos determinantes sociais que ocasionam ou impactam os processos de adoecimento, o que inclui considerações sobre o meio ambiente e a questão climática.

---

9 – Ver Slavoj Žižek, "Um golpe como *Kill Bill* no capitalismo" e Mike Davis, "A crise do coronavírus é um monstro alimentado pelo capitalismo", em *Coronavírus e a luta de classes* (Brasil, Editora Terra Sem Amos, 2020), disponível em: https://terrasemamos.files.wordpress.com/2020/03/coronavc3adrus-e-a-luta-de-classes-tsa.pdf. Ver também Sidarta Ribeiro, "Coronavírus e fascismo de Bolsonaro nos fazem esperar por nova era", em *Folha de S. Paulo*, 29.mar.2020, disponível em: https://www1.folha.uol.com.br/ilustrissima/2020/03/coronavirus-e-fascismo-de-bolsonaro-nos-fazem-esperar-por-nova-era-diz-sidarta.shtml.

É de fundamental importância para esse avanço de solidariedade global uma melhor compreensão sobre os significados de um sistema administrativo no qual a saúde das pessoas passou a ser uma mercadoria. O mercado em geral, e especificamente o da saúde, não é uma entidade preexistente que se realizou em âmbito planetário como resultado de um destino inexorável. É, sim, uma realidade que foi construída por intervenções ativas dos Estados e de classes dominantes organizadas que foi, portanto, realizada por um conjunto de ações governamentais, legislativas, judiciárias e por variados atores – impulsionados nas últimas décadas pelo pensamento neoliberal. A essência da mercantilização é a concorrência como norma geral das práticas econômicas. Na ideologia neoliberal, o estímulo à concorrência demanda uma sociedade competitiva, individualista, de pessoas empreendedoras de si mesmas na qual o Estado não é apenas o garantidor dessa ordem, como também está ele mesmo submetido à lógica concorrencial. E os serviços de saúde tornaram-se mais um espaço para competir e concorrer, vendendo serviços diversos, equipamentos, medicamentos ou modelos de gestão da "empresa Estado". Na pandemia atual, a concorrência econômica para comprar equipamentos de proteção individual e também estruturas necessárias ao tratamento intensivo tornou-se a face mais cruel da mercantilização de vidas humanas.

Governos de diversas ideologias e em diversos locais do mundo aceitaram previamente a intervenção da economia de mercado nos sistemas de saúde, com suas narrativas sobre racionalidade e responsabilidade – o que dilui o direito público à saúde no direito privado do consumidor e conforma a ação pública aos critérios de rentabilidade e produtividade. As continuadas privatizações da saúde em todo o mundo seguem receitas que estabelecem uma racionalidade gestionária, que impõe uma lógica importada de sistemas de negócios industriais, baseada em metas e em parâmetros de produtividade. Os trabalhadores da saúde são encurralados em sistemas de horas cada vez mais intensos, nos quais acumulam funções e tarefas, e são pressionados pela avaliação quantitativa de resultados. Distanciam-se, premidos pela força descomunal da racionalidade gerencial, de uma perspectiva qualitativa da saúde pública, com maior resolutividade, atenta aos determinantes sociais dos processos de adoecimento.

Outra dificuldade para compreendermos a saúde como um fenômeno coletivo envolve a perspectiva que atribui responsabilidade individual aos cuidados com a saúde. Tal perspectiva decorre do processo já mencionado de privatização das condutas, pautado na crença de que as possibilidades de vida são resultados apenas de escolhas individuais. De modo geral, a doença, a falta de trabalho, a pobreza, o fracasso escolar e a exclusão são vistos como consequências de cálculos errados ou desastres naturais, e não como problemas sociais coletivos, preexistentes e complexos. Sob o efeito da realidade pandêmica, precisamos superar essa forma de pensar – uma que corrói solidariedades.

Uma proposta transnacional capaz de fortalecer a solidariedade entre os povos envolve a criação de um sistema planetário de saúde – a partir da Organização Mundial da Saúde (OMS) – responsável por promover a saúde e o bem viver em diversos locais, a partir das distintas realidades, culturas e saberes ligados a cada coletividade humana. Tal sistema deve seguir uma lógica de construção do conhecimento descolonial – considerando, principalmente, o eixo Sul-Sul do planeta. Ele precisa adotar uma forma intercultural potencialmente transformadora das coordenadas atuais da saúde – coordenadas que toleram e reproduzem desigualdades extremas –, voltada para uma política emancipatória regional e global. Ainda que ela deva partir dos Estados Nacionais, é preciso que, todavia, seja capaz de fortalecer uma política emancipatória de saúde coletiva e bem viver pautada na base das sociedades, envolvendo atores coletivos, como movimentos sociais, universidades, sindicatos, instituições públicas e organizações feministas.

Tal proposição envolve, sem dúvida, uma visão na qual a confluência entre o desejo de transformação e as possibilidades de realização encontram inúmeros desafios, obstáculos e enfrentamentos, mas cuja elaboração inicial não é desprovida de inspirações concretas e de forças em potencial ativas na atualidade. Algumas articulações, como o movimento People's Health Movement,[10] e propostas científicas, como a de saúde internacional Sul-Sul defendida por Gonzalo Basile,[11] são avanços fundamentais a serem considerados.

Nos últimos anos, os principais ciclos de protestos pelo mundo tiveram características nacionais, demandando transformações internas nos diferentes países – desde a chamada Primavera Árabe, passando por protestos nos EUA (*Occupy*), na Espanha *(Indignados)*, no Brasil (Junho de 2013) e no Chile (revoltas estudantis desde 2006 e, mais recentemente, a *Revolución de los 30 pesos*). Porém, ao voltarmos um pouco mais no tempo, por volta da virada do século, encontramos

---

[10] – Ver https://phmovement.org/.

[11] – Ver Gonzalo Basile, *La salud internacional Sur Sur: hacia un giro decolonial y epistemológico* (República Dominicana, Clacso, 2018), disponível em: http://biblioteca.clacso.edu.ar/clacso/gt/20190320033726/II_DOSSIERS_DE_SALUD_INT_SUR_SUR_GT2019.pdf.

o ciclo de protestos transnacional por justiça global, com os dias de Ação Global dos Povos. Como exemplo, temos o marcante protesto de Seattle em 1999, durante a reunião da Organização Mundial do Comércio (OMC) – terceiro dia de Ação Global, conhecido como "Batalha de Seattle". A Ação Global dos Povos formava, então, uma coalizão crítica à globalização neoliberal, que incluía em seu rol diferentes estilos de ativismo, pondo em sintonia nas ruas uma diversidade de táticas a envolver a simultaneidade das performances e a orquestração das ações.[12] Retomar esse confronto político como exemplo de uma articulação transnacional pode ser um caminho potente para disputarmos a perspectiva de um sistema de saúde global. Reside aí uma possibilidade efetiva de incentivar uma coalizão em rede, que fortaleça lutas existentes em diversos locais do globo, que seja diversificada, que envolva trabalhadores da saúde, sindicatos, entidades religiosas, movimentos e ativistas de outras áreas, estudantes, idosos e organizações globais para constituírem um movimento transnacional.

---

12 – Ver Paulo Spina, *O movimento passe livre: da sua formação aos protestos de 2013*, dissertação de mestrado, orient. Débora Maciel Alves e Henrique Parra (Guarulhos, PPG Ciências Sociais – Escola de Filosofia, Letras e Ciências Humanas da Unifesp 2016), p. 37, disponível em: http://repositorio.unifesp.br/handle/11600/41262.

II.
OFENSIVA por transformações nacionais

O Estado no neoliberalismo, apesar de pregar o Estado mínimo, é, de fato, a instância garantidora do assim chamado livre mercado e da concorrência. Sem nem contar o inflado aparato Estatal-militar, seu caráter interventor, *maximalista*, fica evidente quando é necessário salvar o sistema financeiro, por meio do socorro aos bancos, como vimos na crise de 2008. As transformações nacionais devem subverter essa lógica, colocando o Estado a serviço de uma perspectiva comunitária-solidária.

A pandemia atual obrigou diversos Estados-nação a questionarem suas próprias narrativas de funcionamento neoliberal, abandonando temporariamente medidas de austeridade para tentar responder à necessidade urgente de salvar vidas. A reformulação dessa perspectiva estatal precisa avançar em direção à substituição do interesse do lucro por uma perspectiva de interesse comunitário. A nomeação "interesse comunitário" busca desfazer uma armadilha: a de que esse interesse não lucrativo pode ser confundido com um suposto "interesse geral" – o que poderia nos levar novamente a uma dinâmica de fortalecimento de uma perspectiva estatal unificada, na qual pluralidade e conflitos voltariam ao segundo plano. O interesse comunitário insere uma perspectiva segundo a qual o Estado precisa estar permeado por uma dinâmica pautada pelas diferenças existentes na vida social, na qual os conflitos são experienciados como parte da organização da sociedade e o apelo de unificação se apresenta como o que é: uma ilusão. Mas quais as consequências concretas de tal abordagem?

a constituição de um programa baseado na solidariedade transversal

Para avançarmos em transformações efetivas se faz necessário radicalizar a disputa, buscando influenciar os sentidos políticos do Estado – com o engajamento focado na constituição de um amplo programa no qual a administração estatal, em vez de promover indiscriminadamente a concorrência, vai requerer e incentivar valores solidários. A forma de administração deverá diminuir o domínio de burocracias verticais, não para dar poder direto ao indivíduo, mas sim às estruturas comunitárias seculares das quais as pessoas possam fazer parte. No lugar do desempenho, os processos serão privilegiados, e eles devem contar com a mobilização de conhecimentos comunitários para a resolução dos problemas postos. Se a autonomia e a descentralização serão fundamentais para um programa de transformação, as regulações gerais para a não apropriação privada também serão indispensáveis.

A missão do setor público precisa ser retomada no sentido de fortalecer instituições capazes de promover um desenvolvimento comunitário constante, com estímulos para a efervescência transformadora. É uma proposição de transformação do sentido do Estado que deve impactar suas interações com o mercado. Um programa nacional poderá fortalecer mecanismos para uma solidariedade internacional transversal e, para dentro, ampliar as possibilidades de um campo de atuação comunitário.

Tal transformação não tem a pretensão de ser uma passagem de poder. A mudança não acontecerá apenas pela alternância do conjunto de atores ou classes no poder, mas por uma mutação das coordenadas do próprio poder: o Estado não mais como garantidor da ordem mercantil, mas como força capaz de transmitir movimento em direção a uma solidariedade ampliada, etapa por etapa. Deve-se questionar, nesse contexto, a perspectiva de que a multiplicidade venha a produzir um consenso único e a de que os conflitos podem ser convergentes. Uma nova potência política emerge contra os processos de autoproclamação, purificação e imunização.

Conseguiremos deixar de estar paralisados com perspectivas antagônicas e divergentes porque faremos desse embate o gerador de energia para experiências transformadoras. Inverteremos o circuito de funcionamento da política tradicional. Políticos, governantes, diretores e mesmo a elite sindical sempre desejam e esperam que seus representados depositem confiança em suas administrações. Nesta proposição que aqui descrevo, o sentido da confiança deve ser o oposto do habitual. São os que estão à frente das administrações que devem confiar nas pessoas, com suas inúmeras diferenças de perspectivas para definirem as coordenadas do que deve ser realizado. Não somos ingênuos. Confiar exigirá regulações gerais para não ter apropriações indevidas. Entretanto, tal perspectiva poderá produzir milhões de experiências, com sucessos e fracassos, nas diversas áreas governamentais. Do poder soberano ao poder para comunidades organizadas e ao poder para regulações gerais.

Os liberais, e mesmo os neoliberais, propõem ocupar o espaço do planejamento estatal com dinâmicas empresariais mercadológicas. Do ponto de vista dessa ofensiva, a ocupação do espaço estatal se dá no sentido de fortalecimento comunitário. E avançaremos para além do discurso atual de promessas – nunca realizadas efetivamente – de valorização das famílias. O cuidado com as famílias é imprescindível, mas não são os laços de sangue que configurarão a base para a ação conjunta. Na política como potência, a solidariedade torna-se o âmago, com irradiação mais ampla do que a fraternidade. É em uma perspectiva mais ampliada de cuidado do coletivo – voltada à auto-organização comunitária – que se ancora essa proposição de transformação.

III.
OFENSIVA por transformações comunitárias

No Brasil, o desafio do fortalecimento de uma camada comunitária terá ainda que superar a ascensão do fascismo.[13] São constantes, no cotidiano político brasileiro, as expressões de um reacionarismo político que proclama a morte. Suas próprias opiniões, notícias falsas e ofensas visam desgastar o tecido social comum necessário para uma vivência comunitária. A crise pandêmica agravou esse cenário, assim como trouxe inovações nas formas de exploração.

A pandemia da Covid-19 impactou a realidade em diversos âmbitos. Nas comunidades, os sentimentos de medo e receio são expressões que convivem tanto com ações de solidariedade e cooperação quanto com medidas de proteção individuais. A incapacidade geral de respostas rápidas na pandemia torna absolutamente necessárias as perspectivas de autogestão comunitária.

É preciso deixar nítido que processos de autogestão não surgem apenas da necessidade ou da capacidade de as pessoas determinarem suas práticas cotidianas ou profissionais. Mudanças no sentido do Estado podem fortalecer mecanismos comunitários, inclusive de autogoverno, estimulando e incentivando a propagação das várias formas de solidariedade. As práticas de autoprodução devem evitar se encapsular. Suas formulações podem desafiar-se a definir publicamente suas possíveis relações com o Estado e com o mercado sem tornarem-se interações submissas ou de controle. Há, ainda, indagações que só poderão ser respondidas no processo: Quais os fundamentos da relação destas experiências com o próprio Estado?

---

13 – Ver Vladimir Safatle, *Bem-vindo ao Estado suicidário*, col. Pandemia Crítica, 004 (São Paulo, n-1 edições, 2020), disponível em: https://n-1edicoes.org/004.

Como garantir a eficácia de princípios republicanos e evitar a apropriação dessas experiências por interesses particulares?

A ampliação de um poder comunitário é uma perspectiva que traz consigo inúmeras dificuldades. Exige criatividade para habitar a zona de compartilhamento coletivo que o trabalho de auto-organização envolve. Ainda mais se essa luta quer evitar qualquer tipo de servidão, de personalismo, de coerção ou de obediência. Ela envolve a criação de protótipos ou de laboratórios tecnopolíticos do comum.[14] Articular processos comunitários exige avançarmos em uma sistematização que possibilite, de maneira concreta e viável, a replicação por *contágio*. A crise sanitária que vivemos nos traz de modo imediato e concreto o medo de nos contagiarmos, entretanto, contagiar (nos afetar uns aos outros) não obrigatoriamente tem um sentido desgastante; pode também significar fortalecimento mútuo em uma maneira de disseminar afetos potentes e de influenciar confrontos políticos por difusão de práticas, como vimos nos recentes protestos do *Black Lives Matter*. A difusão por influência de experiências comunitárias de poder significa que sua lógica de transmissão não pode ser colonial e hierárquica, mediante imposição, coerção e subordinação. Para a existência de uma efetiva camada comunitária de poder se faz necessário que as pessoas desejem uma maior dimensão de implicação. Dizendo de outra maneira: não interessa a mera intenção, segundo a qual uma sociedade amplamente participativa seria melhor para todos; é fundamental

---

[14] – Ver Henrique M. Z. Parra, "Laboratório tecnopolítico do comum: protótipos, reticulação e potência da situação", em *Dois pontos*, revista dos departamentos de filosofia da UFPR e da UFSCar, vol. 16, n. 3, jul.2019, p. 111-20, disponível em: https://revistas.ufpr.br/doispontos/article/view/70266.

avançar, a princípio, em processos de fortalecimento dessa organização comunitária apenas onde pessoas desejem participar desses processos.

De maneira prática, as formulações que interessam devem encontrar novas formas de disputar o sentido das transformações que estamos propondo. Se a pandemia coloca a necessidade de reinventarmos a esfera pública internacional, o sentido do Estado Nacional também recoloca desafios para nossa própria vivência e organização enquanto trabalhadores e moradores de determinado território.

Será que a crise que vivemos de maneira dramática não é também uma brecha para mudarmos as estruturas – verticais, hierarquizadas e com poucas inovações – de organização dos trabalhadores? Elas também apresentam fortes dificuldades para responderem ao momento presente de emergência na dimensão necessária. É preciso avançar na constituição de redes horizontais de trabalhadores, aberta às diferenças conflituosas e que vá além da lógica representativa. Como seria possível construir uma rede de trabalhadores na qual o componente da confiança em supostas lideranças não seja necessário? É preciso, assim, criar uma estrutura que não seja expressão da confiança em lideranças, mas das convicções e dos posicionamentos dos próprios trabalhadores, com seus conflitos, seus erros e seus acertos. A *solidariedade transversal* entre os trabalhadores e suas possíveis redes precisam superar as divisões colocadas pela racionalidade neoliberal.

Um exemplo concreto disso, a partir de experiências que tenho vivido enquanto trabalhador de saúde, é a divisão, em razão da organização estatal e privada, por categorias profissionais e por níveis de atuação no campo da saúde – federal, estadual, municipal, terceirizado no setor público ou trabalhador da rede particular.

Uma ofensiva por transformações comunitárias deve impactar a organização desses trabalhadores propondo formas de solidariedade mais profundas que possibilitem o reconhecimento enquanto um conjunto, não único, mas diverso de trabalhadoras e trabalhadores.[15]

Se a realidade da pandemia não for capaz de fazer-nos abandonar a apatia e começarmos a recriar, espaço por espaço, formas de nos vincularmos com afetos de confiança e solidariedade, o que será então necessário? É agora o momento para todos aqueles que se voltam apenas a sua família ou à empresa que paga seu salário – por cuidado, por excessiva ponderação ou bom senso, por vergonha, por acharem que não contribuem significativamente, por se prenderem às opiniões dos demais, ou mesmo por pensarem sempre que outros irão fazer melhor – saírem em busca de um bem viver coletivo. É hora de criarmos uma camada de potência política, baseada na cooperação, na confiança e na solidariedade, que seja expressão conflituosa de uma rede.

Mas há também o mito da vanguarda, que ressurge constantemente porque alguns parecem acreditar na necessidade de educar politicamente as pessoas – antes de elas ocuparem os espaços políticos. No fundo, creem que os trabalhadores são incapazes de decidirem pelo bem comum sem a sabedoria das lideranças. Ora, as pessoas reais com que cruzamos nas ruas, nos ônibus, em uma assembleia de trabalhadores ou em uma manifestação são parte desta sociedade e, portanto, trazem, em suas falas e em suas

---

15 – Um exemplo de ação nesse sentido foi o manifesto "A vida acima do lucro", organizado por redes diversas de trabalhadores de saúde a partir do Sinsprev/SP, disponível em: http://www.sinsprev.org.br/leitura.php?editoria=11936.

decisões, pontos de vista por vezes incoerentes *e* relevantes ao mesmo tempo. Pensar que as pessoas estão sempre sendo manipuladas é desconsiderar a potência de cada sujeito. Neste momento histórico – caracterizado como o da pós-verdade – há o fato de que evidências científicas vêm sendo atacadas. Entretanto, é preciso pôr fim à ilusão de que chegaremos ao tempo de uma sociedade supostamente emancipada em que incoerências individuais e contradições coletivas mais irão mais existir. Os afetos destes tempos em que enfrentamos uma doença não fazem magica para que conflitos deixem de existir. A atitude mais alienante e alienada é justo aquela que decreta a existência exclusiva de algo, teórica ou praticamente, e carrega consigo a ideia de ser possível que as contradições sejam superadas em absoluto.

É preciso uma camada comunitária que assuma e acolha os seres humanos em suas incoerências e conflitos, com suas necessidades imprescindíveis e diferentes – seres que jamais abandonarão as ambiguidades dramáticas que os impulsionam adiante. Mas ela deve ser também capaz de fortalecer a solidariedade, a um nível inimaginável para nós – que vivemos tempos nos quais a ideia de sucesso é sempre individual. Nossa meta é ampliar as redes de solidariedade por fases, a ponto de ser possível imaginarmos viver sem dinheiro, mas não viver sem a solidariedade dessa intervenção comunitária. Só existe solidariedade em conflito.

Acredito que devemos lutar por uma rede comunitária de poder com valores solidários, voltados ao deslocamento das estruturas atuais de poder. O crescimento dessa potência coletiva pode ter a força de romper essa polarização à qual estamos demasiadamente submetidos – entre posições mercadológicas e estatais –, compondo uma tríade na organização da sociedade. Por onde começamos a pensar essa estrutura ainda difusa de poder comunitário?

ampliar as dimensões de solidariedade

É preciso evidenciar os motivos ligados a uma participação comunitária marcada pela cooperação e pela solidariedade. A generosidade altruísta, na qual muitas iniciativas buscam se sustentar, deve ser superada por uma posição política capaz de libertar a solidariedade de uma perspectiva na qual os sujeitos se colocam ou como autores de ações desinteressadas, ou como aqueles que supostamente são, de uma posição passiva, os recebedores de tais ações.

A solidariedade dentro da sociedade contemporânea só pode ser compreendida se a analisarmos a partir de diferentes dimensões, correlatas às ações existentes. Existe um nível de solidariedade que corresponde à fraternidade, ou seja, ao sentir e realizar ações em uma perspectiva familiar direcionada àqueles tidos como iguais ou que comungam dos mesmos interesses. São comuns narrativas que associam o significado da pandemia e a desaceleração forçada, concernente ao distanciamento social, à necessidade de fortalecer os vínculos familiares e com os mais próximos. E, sem dúvida nenhuma, a família e as pessoas que comungam de interesses ou rotinas semelhantes fazem parte de uma dimensão fundamental de nossas vidas, por vezes negligenciada na correria da rotina tida até então como "normal". Entretanto, a situação da pandemia nos exige mais.

As teorias explicativas são inúmeras: algumas das narrativas religiosas, entre as muitas que circulam, associam a pandemia a um aviso divino ou mesmo à aproximação do fim dos tempos, e nos deparamos, ainda, com diversas teorias de base conspiratória. A linha explicativa que adotam por vezes determina os tipos de respostas que os sujeitos produzem, e, em meio às inúmeras variações de sentido, é preciso disputar politicamente também a afirmação – da qual quase ninguém discordará – de que as consequências da pandemia exigem uma mudança de atitude em diferentes esferas de nossa vida compartilhada. Nesse sentido, olharmos somente para nossas relações afetivas próximas, assim como considerarmos apenas os interesses de um hipotético patriotismo, não muda as coordenadas necessárias para uma transformação efetiva no sentido do bem viver, pensado em relação ao maior número de pessoas.

É preciso ultrapassar também o nível mais básico de solidariedade: aquela episódica, direcionada às vítimas de tragédias chocantes e pontuais. Sem dúvida, a pandemia é, sim, uma tragédia, mas não podemos reduzir nossas respostas à dimensão de curto prazo que envolve um evento apenas pontual – ainda que a ação nesses momentos deva ser imediatamente solidária. Mas esse acontecimento, o da pandemia, nos convoca a dar respostas para uma *solidariedade transversal* que vá além do presente e para além da existência da geração atual.

solidariedade como resistência à segregação

Por vezes, mesmo quando vamos além da ideia de solidariedade entre semelhantes – ou seja, da fraternidade –, a solidariedade ao diferente aparece como um gesto, ainda que não intencional, de superioridade. Ampliar as dimensões da solidariedade exige passarmos de uma prática vertical de assistência, para a formação de uma rede compartilhada de problemas e soluções. Criar experiências que favoreçam espaços de encontro entre os diferentes é um passo importante. Solidariedade deve ser a resistência à segregação.

Porém, mesmo ao formularmos conceitualmente uma difícil – mas necessária – solidariedade mais horizontal, baseada na reciprocidade, na cooperação, na confiança e na responsabilidade em comum, nos deparamos com inúmeros desafios e indagações: Tal solidariedade não seria mais restrita, apesar de mais profunda? Ela não exigiria o encontro e, portanto, a amizade? Seguindo esse raciocínio, será que poderíamos mesmo sentir a dor do outro completamente diferente, distante e desconhecido?

É comum a aproximação ou mesmo a confusão entre solidariedade e compaixão. A problematização pertinente aqui é a de que solidariedade e compaixão são afetos próximos, mas distintos. A compaixão envolve sentir a dor do outro em mim. A solidariedade exige de nós um ato, ou seja, uma ação prática que fortaleça o outro – uma ação que não é necessariamente disparada pela compaixão. A solidariedade pode ser desapaixonada, pode ter sentidos diversos e até contraditórios, mas de modo inevitável busca um viver bem em comum. Só que, para abandonarmos a ideia de que é possível um consenso social unificado permanente, tanto quanto para abandonarmos essa noção de solidariedade vinda de cima para baixo, precisamos estar abertos a perspectivas sobre necessidades sociais opostas e complementares. Isso torna ainda mais dramática e de difícil equalização a formalização concreta de uma perspectiva comunitária – pois as necessidades sociais não são contraditórias apenas entre pessoas diferentes, mas, inclusive, cada sujeito tem necessidades opostas e complementares.

De modo geral, todo sujeito deseja sentir-se seguro sem sentir-se controlado. Deseja sentir-se em uma aventura, correndo riscos, ao mesmo tempo em que tais riscos possam ter algum controle. Deseja a previsibilidade da rotina enquanto se atrai pela imprevisibilidade das vicissitudes. Espera encontros no mesmo movimento que anseia estar sozinho. Sobressalta-se pela importância do imediato, sem abandonar uma perspectiva de longo prazo.[16]

Ampliar a solidariedade exige uma abertura ao encontro do diferente. Encontro esse que, em uma realidade de segregação, não acontece por acaso. Criar uma camada comunitária significa partilhar um espaço comum capaz de propiciar o encontro de realidades diversas. Veja-se o nível de dificuldade dessa proposição, pois criar um espaço que reúne o outro que me é estranho significa estar em contato com posições completamente diferentes das minhas – sabendo, ainda, que estão presentes contradições nas necessidades sociais almejadas. Nessa abordagem, a solidariedade a distância só existe se acontecer uma ação. Ela não pode ser apenas sentimento. Sendo assim, tal comunidade, abundante de simultaneidade de relações, deverá estar aberta para agir e se posicionar também na defesa daqueles que não são próximos.

espaços comuns a partir das vulnerabilidades

Se a ampliação das possibilidades de solidariedade não será de atos justificados preponderantemente pela generosidade, será que a pandemia pode mesmo ser uma força atrativa para as pessoas deixarem de lado

---

16 – Ver Henri Léfèbvre, *O direito à cidade* [1968], trad. Rubens Eduardo Frias (São Paulo, Centauro, 2001), p.105.

uma dinâmica baseada em necessidades individuais do consumo e se engajarem em uma solidariedade ativa?

Para nos aprofundarmos nessa indagação, vamos voltar às proximidades da década de 1970, tomando a experiência do Partido dos Panteras Negras, nos EUA. O objetivo aqui não é uma análise profunda do movimento, mas chamar a atenção para um ponto específico – a organização inicial tornou-se potente porque partiu de uma resposta coletiva a uma vulnerabilidade: a forma como a população negra era constantemente perseguida, com muitos indivíduos negros mortos pela polícia. Vulnerabilidade consiste de situações de exposição ao risco que restringem nossas escolhas, envolvendo formas de exclusão e violação de direitos, seja por motivos sociais, econômicos, ambientais ou outros.

As ações de solidariedade dos Panteras Negras avançaram porque respondiam a vulnerabilidades – a solidariedade respondia, portanto, a necessidades coletivas muito concretas. E, apesar da hierarquia da organização, suas ações não eram realizadas em uma perspectiva vertical, pois expressavam uma resposta capaz de apagar a fronteira entre os supostos agente e receptor da ação de solidariedade.

A pandemia atual nos coloca diante de uma situação real, que é a possibilidade da morte. Nossas máscaras de fortaleza não se sustentam, e ganham o primeiro plano nossas fragilidades e nossos medos, bem como a percepção geral de desamparo. E é desses afetos – entristecedores, de início – que, talvez, poderão surgir corajosas conexões comunitárias. A normalidade nos trouxe até bem perto do abismo. Nós devemos às gerações futuras *não mais retornar a essa normalidade desigual, individualista e solitária*. Somos nós que estamos aqui, coexistindo neste instante do planeta. Somos nós que podemos dedicar nossas vidas à criação de uma ramificação e à virada necessária para tomarmos outro caminho. A instauração nova de uma camada de poder comunitário só poderá emergir em sua potência a partir do encontro de nossas vulnerabilidades.

potências comuns em uma temporalidade ampliada

Algumas das experiências contemporâneas de mobilização política são ações que se sustentam apenas por um prazo breve, correspondente ao período que determinada pauta ou reivindicação está presente de maneira mais intensa no cenário político. Isso dificulta que uma potência comunitária emerja desses confrontos políticos, pois ela necessita de uma perspectiva temporal com objetivos e projetos de médio e longo prazos.

No Brasil, no período final do regime militar e de redemocratização, organizações comunitárias como as associações de bairro (algumas delas ligadas às Comunidades Eclesiais de Base), reivindicantes de infraestruturas públicas como asfalto, creches, postos de saúde etc., tiveram protagonismo em diversos territórios. Algumas dessas formas comunitárias de encontro estão ainda organizadas e fazem toda a diferença em suas localidades, da mesma maneira que outras formas de protagonismo comunitário, como ações ligadas a igrejas evangélicas, que também têm importância fundamental nas localidades onde estão enraizadas. Nossa proposição é a de aprendermos humildemente não apenas com experiências solidárias urbanas, mas com saberes dos povos amazônicos, andinos, quilombolas etc.

Vale a pena olharmos para uma experiência solidária específica, ligada a um grupo de mães na Zona Sul de São Paulo, no qual mulheres se encontram sistematicamente, desde a década de 1970,[17] para evidenciarmos alguns elementos que possibilitaram sua longevidade: troca de saberes, aprendizagem de novas habilidades, geração de renda, alternativas de desenvolver ações sociais, espaço de socialização, espaço para falar de experiências pessoais, compartilhamento de afetos, lazer e prazer, liderança combinada com horizontalidade, sentimento de pertencimento. Alguns desses elementos concretos, responsáveis pela coesão de um grupo com mais de 40 anos de existência, são possibilidades para fazer emergir uma perspectiva de poder comunitário.

Qual a diferença, então, entre uma camada de poder comunitário, nos termos colocados aqui, e a organização de uma associação de bairro, tal como já se deu em outros tempos? E, quando colocamos a necessidade de reinvenção das organizações de trabalhadores, quais as principais diferenças em relação às experiências existentes? As respostas a essas indagações criariam uma complicação desmedida, que não cabe neste texto. Enumero, brevemente, apenas cinco diferenças importantes para a reflexão ativa: 1) um poder comunitário ou uma rede de trabalhadores interconectada que não se isola no território ou em uma especificidade de categoria; 2) uma lógica que quebra os feudos de lideranças e clientelismo ao propor uma experiência em busca de horizontalidade aberta ao inacabamento;

---

17 – Ver José Hercílio Pessoa de Oliveira e Mary Jane Spink, "Ponderações sobre a longevidade de um clube de mães da periferia de São Paulo", em *Athenea digital: revista de pensamento e investigación social*, vol. 18, n. 3, 2018, disponível em: https://atheneadigital.net/article/view/v18-n3-hercilio-spink.

3) uma lógica que não reproduz a representatividade, mas cria uma camada de poder comunitário ou de direto dos trabalhadores baseado no conflito constante de opiniões e práticas divergentes; 4) uma conexão autônoma e independente na relação com o Estado, em vez de uma conexão subalterna; 5) uma perspectiva que envolva a luta por um desenvolvimento comunitário ou uma rede de trabalhadores com empreendimentos solidários de maneira autônoma, principalmente através de circuitos de pequenos comerciantes, no lugar de negar em absoluto as relações com o mercado ou ter uma conexão dependente, subalternizada.

A pandemia não faz emergir avanços sociais por si só. Ela acelera processos e contradições da luta já em curso. As experiências de trabalho hegemônicas com suas verticalidades e modos de viver já vêm sendo tensionadas. Outras formas de estarmos em sociedade de modos mais horizontais podem estar se desenhando. Mas precisamos dar sentido e significado para elas.

a organização comunitária e dos trabalhadores como democracia por vir

Tal organização comunitária – e também dos trabalhadores – tem potência para além do espaço próprio que a circunda: a possibilidade de tornar-se uma perspectiva de democracia de alta intensidade. Se, no contexto atual, somos contaminados por uma toxicidade violenta e excludente que se normaliza em um cotidiano de hostilidade, precisamos realmente reinventar nossas relações – o que, no limite, é também o florescer de uma nova perspectiva de democracia.

As relações diretamente envolvidas em uma perspectiva comunitária e dos espaços de trabalho apenas ganham sentido se a emergência de tal possibilidade for capaz de constituir uma constelação de imaginação, cooperação e criação de ações coletivas – que não apenas se coloquem como uma experiência de autoridade partilhada, mas que signifiquem uma democracia de alta intensidade posta em relação com diferentes esferas da sociedade.

A perspectiva de uma ampliação de nossa intensidade democrática não irá brotar ao acaso. A pandemia que estamos vivendo pode nos tirar da apatia e nos mostrar que a normalidade anterior tinha uma face autodestrutiva. Mas não avançaremos em transformações sem compartilharmos de convicções programáticas que, apesar das inúmeras possibilidades de posições diferentes entre nós, apontem-nos um sentido de mudança: da solidão da metrópole para a ampliação da solidariedade e da potência criativa compartilhada; da gestão centralizada ineficiente para a multiplicação dos centros comunitários e de trabalhadores; do enraizamento do preconceito ao vir a ser das singularidades autônomas; do reconhecimento da emergência climática a mudanças radicais no paradigma econômico da cidade; do sucateamento do serviço público à sua reinvenção participativa com ampliação dos direitos; do caos no trânsito às vias abertas para as classes populares.

O avanço da criação de um poder comunitário precisa de passos concretos: o avanço por contágio de diversas experiências de auto-organização; a dimensão programática institucional que estimula essa forma de organização e a reconhece como legítima dentro do arco de instituições; e a formação de uma coalizão que avance nas formulações comuns – como a criação de uma rede de comunicação comunitária – e que dispute, como movimento social, um lugar na sociedade desse sonho coletivo.

IV.
OFENSIVA pelas transformações domésticas

Se todas as transformações rascunhadas como proposições até aqui não são nada fáceis de ser colocadas efetivamente em prática, no espaço doméstico as dificuldades serão ainda maiores. A realidade íntima exige mudanças políticas, mas, sobretudo, mudanças subjetivas, concernentes a explicações e hábitos mentais que se consolidaram como verdades.

Temos que reconhecer que fomos aliciados pela narrativa liberal de que somos responsáveis por nosso próprio destino. Nas sociedades capitalistas, alternamos constantemente entre um polo e outro: da responsabilidade divina a uma responsabilidade atomizada, centrada no indivíduo. Aliás, ambas as visões convivem muito proximas, não apenas na sociedade, mas em um mesmo sujeito. É óbvio que temos responsabilidades e é urgente que cada um decida sobre as principais questões de sua vida. Mas a suposta potência presumida por essa injuntiva é limitada. Não somos nada sem a simultaneidade de relações que nos cercam e que dependem e independem de nós. A vulnerabilidade diante da morte nos atesta isso. A vida segue sem a gente, "mesmo que eu acredite ser indispensável, mesmo que eu tenha me convencido de que sou o máximo".

Esses axiomas, que colocam o ser humano como amplo dominador de si mesmo e da própria vida, visam ao domínio das emoções, à ausência de conflitos, a uma incessante tentativa de autogestão da subjetividade que, por vezes, se torna coerção, culpabilização, desejo de ordem e, ainda, objeto de comércio no amplo negócio de desenvolvimento individual. Nos diferentes domínios de nossas vidas, as transações ocupam o espaço das relações. Essas instrumentalizações do outro, que objetivam o desempenho competitivo, e essas narrativas psicológicas, que sustentam um nexo econômico de sucesso individual, fortalecem uma subjetividade mercadológica.[18]

Será que a erupção da atual pandemia tem a força de questionar tal razão? E mais: Será que poderemos lutar por outra subjetividade? Uma que envolva também racionalidades de ruptura e, principalmente, a recusa do controle mental que subjaz à ideia de felicidade das redes sociais? Uma forma de pensar que descarte o sucesso concorrencial e que invente contracondutas de empatia e cooperação, e na qual as relações se sobreponham às transações?

O principal curto-circuito que envolve a transformação doméstica e familiar vem das mulheres e do feminismo. A pandemia de Covid-19 e o isolamento social exigido para contê-la colocaram em pauta, de maneira escancarada, todo o trabalho doméstico que nós, homens, não fizemos por anos – incluindo a carga mental que fingíamos não ver e aquelas dimensões essenciais da vida que, de modo geral, nos acostumamos a desprezar. É toda uma rede de sentimentos, de pensamentos e de afetos que precisamos extirpar desde a raiz para que os homens não reproduzam a lógica do patriarcado nos diferentes contextos e nas diversas relações, principalmente em relação às mulheres.

Os homens precisam entender que suas diferentes formas de masculinidade, de paternidade ou de constituição de relacionamentos – mesmo quando parecem ser menos opressoras ou machistas que a "média" – envolvem a manutenção de um circuito de relações excludente e competitiva, que são obstáculos concretos à transformação. A superação, também por parte dos homens, dessa estrutura de afetos

---

18 – Ver Pierre Dardot e Christian Laval, *A nova razão do mundo: ensaio sobre a sociedade neoliberal*, p. 345 e 346.

desenvolvidos a partir da socialização do pensamento patriarcal e sexista, em direção a outras formas de constituir suas diferentes relações, é uma tarefa imediata, que não pode mais ser adiada.

Se a possibilidade de transformação doméstica familiar é originada no avanço das mulheres por igualdade e por uma solidariedade feminista expressa pela sororidade,[19] já passou da hora de nós, homens, assumirmos nossa responsabilidade em direção à mudança. Não dá para continuar imaginando que é tarefa das mulheres educarem homens. Não dá para ficarmos esperando efeitos de longo prazo de grupos de apoio – dos quais, de fato, poucos homens participam. Não se pode reproduzir uma lógica de competição para mostrar que você é "um homem desconstruído", simplesmente porque a competição é, ela própria, um problema. É preciso uma postura de escuta e aprendizado a partir da sociabilidade feminista, que seja transformadora na relação dos homens com as mulheres em qualquer espaço.

As relações entre os próprios homens também precisam ser transformadas, pois foram desenvolvidas a partir do patriarcado e precisam de novos parâmetros e afetos para a irrupção de masculinidades outras que não se retroalimentem a partir do machismo. Suas práticas entre "parças" – tipo comum, mas problemático, de ligação entre os homens –, interpretadas aparentemente como uma união aceita e afirmada pela cultura, na verdade são uma forma de socialização e cumplicidade que encoberta opressões, por vezes, sutis. É comum que homens defendam-se mutuamente em seus machismos. Tal postura, entre "brothers" – comum até

---

19 – Ver bell hooks, *O feminismo é para todo mundo: políticas arrebatadoras*, trad. Ana Luiza Libânio (Rio de Janeiro, Rosa dos Tempos, 2018), p. 33-39.

mesmo nos grupos de esquerda –, dificulta ainda mais colocarmos a sociabilidade patriarcal abaixo.

Para repensar essas relações, devemos olhar para o afeto de sororidade desenvolvido pelo feminismo.[20] A sororidade é uma forma de liberdade em relação à sociabilidade patriarcal. As relações das mulheres entre si são impactadas pelo feminismo e repensadas a partir do afeto que se constitui por meio dele para fazer frente às relações estimuladas pelo patriarcado que induziam (e induzem) mulheres a competirem entre si pela aprovação masculina, a olharem-se com inveja, medo e ódio, julgarem-se sem empatia, a punir duramente umas às outras e a enxergarem-se como inferiores aos homens. A sororidade é um afeto transformador dessa realidade, baseado no comprometimento compartilhado de lutar contra as injustiças patriarcais, criando, sustentando e protegendo relações.

Ao olharmos para o conceito de sororidade, podemos imaginar e embasar o surgimento de outros afetos realmente solidários entre os homens – que não uma cumplicidade machista –, voltados à irrupção de outras possibilidades de socialização. No plano individual, precisamos urgentemente trabalhar para a instauração de um circuito de relações que acelere as mudanças de maneira direta e efetiva, a ponto de nos sentirmos encorajados a conversar aberta e concretamente sobre os machismos, mesmo com aqueles homens que apresentam pouca disponibilidade para a mudança. O impacto limitado das ações individuais é evidente, mas deve ter em vista espraiar-se em perspectivas coletivistas e comunitárias, já que repensar as masculinidades é repensar (tanto na dimensão individual como na coletiva) o circuito de relações que sustentam o patriarcado.

—
20 - Idem.

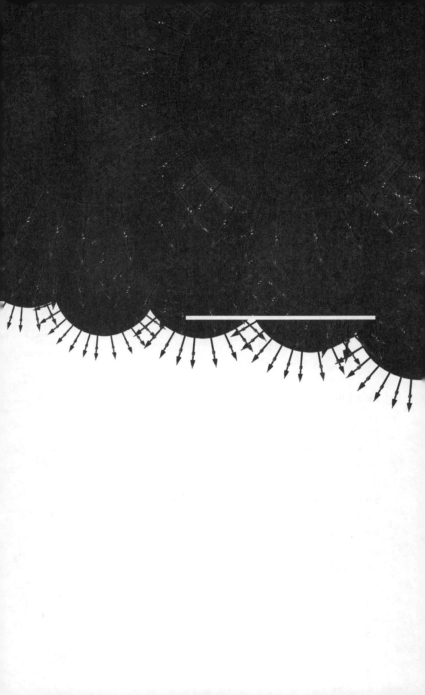

TODO SONHO COLETIVO DISPUTA UM LUGAR

As ofensivas propostas são fendas abertas que buscam ir além da nomeação dos problemas e das indagações necessárias, que já foram tão bem realizadas por diversos autores e autoras. A disposição aqui é a de arriscar potenciais soluções e sentidos outros, voltados para um sonho coletivo que só passa à existência se disputar seu lugar. É apenas durante o caminho, no processo de luta coletiva, que podem surgir as formas efetivas de mudanças, pois é nas crises ou nas mutações políticas que aparecem movimentos sociais disputando lugares outros. É por meio do movimento que poderemos ampliar nossa potência. E somente seremos felizes com a percepção de que uma resistência à transformação foi superada.[21]

Temos um pequeno plano inacabado e imperfeito, mas que desafia a perpetuação da espera – isso configura a tentativa de antecipar mudanças, que sabemos desafiar determinada ordem estabelecida. Do contexto de crise sanitária surgiram corajosas ações de solidariedade dos movimentos de luta por educação, moradia, terra, em defesa das pessoas em situação de rua (e também diversas iniciativas de pessoas sem histórico de participação em movimentos organizados). O distanciamento social dificultou, mas não impediu os protestos – como vimos recentemente com as manifestações Vidas Negras Importam, Antifascistas e Breque dos Aplicativos. É preciso lembrar também que movimentos não são apenas os eventos de protesto. É exigido aquele trabalho imerso e pouco aparente de partilhar nosso plano, de nos prepararmos para a disputa – que já acontece no presente – e tecer redes, formas de comunicação e interações criativas.

▬

21 – Ver Friedrich Nietzsche, *O Anticristo* [1888], trad. Renato Zwick (Porto Alegre, L&PM Pocket, 2008).

Porém, existe algo nas ações de determinados movimentos que passa por um tipo de política que reivindica esperança, expectativa e espera – em geral, espera-se uma ação estatal. Apesar da potência inicial do ato de realizarem um processo coletivo de elaboração da demanda, essa comumente sofre uma metamorfose, e, assim, mesmo quando tais políticas saem vitoriosas, conquistando parte importante de suas reivindicações, demonstram clara dificuldade de sustentar uma potência coletiva e de formar um poder. A potência coletiva inicial encontra atritos que a fazem perder força.

Nossa tentativa é a de desenhar outra equação. Precisamos da força inicial do movimento – em que cada sujeito está convencido de que só a luta é capaz de produzir transformações. Mas também precisamos mudar algo nessa fórmula, que deve ser capaz de reposicionar todas as variáveis do processo para que o resultado, para além do pragmático, seja fortalecedor àqueles que lutam. Sem desmerecermos a atuação daqueles que colocam os corpos para lutar, necessitamos afirmar de maneira contundente: *o ato de esperar nos enfraquece como potência* e a esperança nas resoluções contribui para ficarmos presos em variações mais ou menos "progressistas" do binômio composto por mercado global e Estados Nacionais.

Hoje, o exercício político da potência a que estamos nos referindo passa pelo difícil aspecto de sermos impacientes, de não termos mais esperanças ou expectativas. Existem as manobras retóricas que juntam esperança com felicidade. Entretanto, é apenas por trazer uma sensação de potência, de que vamos conseguir, que a esperança pode significar felicidade. Esperança não é potência. Portanto, o abandono das expectativas não gera necessariamente melancolia; o que gera melancolia é sermos condenados à impotência. Um passo importante na direção de outro modo de política envolve, primeiro, separar esperança de potência. E segundo: envolve cessar aquela temporalidade na qual o ato seja o de esperar.

É *urgente* encontrar possibilidades imediatas de ação que confluam no sentido da transformação desejada. Não ser paciente não significa não cobrar dos poderes políticos estabelecidos, não recorrer ou reivindicar às instituições, nem mesmo significa isolar-se, ao contrário, quer dizer não ficar preso em torno da relação demanda *versus* detentores do poder. A pandemia foi capaz de produzir uma suspensão temporária em diversas dinâmicas sociais e econômicas; dessa forma, será que para reconfigurarmos de maneira duradoura outros modos de existência e outros campos de resistência, nós não precisamos, justamente, parar de aguardar um processo revolucionário vindouro? Isso significaria, contraditoriamente, não mais acreditar que em algum momento as experiências do passado irão ressoar no presente e que os sujeitos – tanto inspirados por todos os vencidos de revoluções passadas como despossuídos de algo que possam perder – se colocarão em uma luta para enfim mudar radicalmente a sociedade. Não será o desamparo[22] daqueles que se desproveram da possibilidade concreta da revolução o afeto necessário para a dissolução dos bloqueios do presente e o ronpimento da apatia? Pois aqui falamos de um duplo desamparo: tanto o da sociedade a partir da dura realidade pandêmica que

---

22 – Ver Vladimir Safatle, *O circuito dos afetos: corpos políticos, o desamparo e o fim do indivíduo* (Belo Horizonte, Editora Autêntica, 2016), p. 21.

aprofundou o pandemônio que já existia[23] quanto o da frustração da espera pela revolução. Partir para a ofensiva é abandonar a crença de que a realidade, em determinado momento (sempre posto no futuro), irá possibilitar um salto revolucionário a mudanças radicais. É abdicar da postura de esperar por tal momento. É saber que as mudanças radicais já estão acontecendo, o que precisamos é disputar com convicção seus sentidos.

Ao rascunhar os termos da política como potência, nos deparamos com uma encruzilhada[24] formada por quatro ofensivas, quatro ataques simultâneos, cujos diferentes elementos têm igual importância para o estabelecimento de uma *solidariedade transversal*. Essa encruzilhada se refere à diversidade de experiências dos conhecimentos historicamente subalternizados, mais amplos do que o autorizado pela narrativa dominante. É na potência da encruzilhada e na emergência do que eclode nas margens que surgem campos de possibilidades, tempo/espaço de potência, em que as opções se atravessam, dialogam, se entroncam e se influenciam em sua indeterminação e em seu inacabamento. A encruzilhada fundamentada em seus domínios não se trata de uma subversão ou da substituição de uma visão por outra (como a revolução não é uma passagem), mas de uma transgressão que possibilita a coexistência de diferentes rumos, esculhambando a linearidade e os processos de purificação dos cursos únicos.

---

[23] – Paulo "Galo" Lima, líder dos entregadores antifascistas, fez a formulação de que antes da pandemia já vivíamos o "pandemônio". Ver: https://www.facebook.com/100003376863915/videos/3180794465376418/.

[24] – Ver Luiz Rufino, *Pedagogia das encruzilhadas* (Rio de Janeiro, Mórula Editorial, 2019), p. 73.

Na encruzilhada de ofensivas aqui expostas, temos uma política que assume o risco de se declarar. E o faz tanto sabendo que não será realizada conforme seu planejamento quanto ciente da necessidade fundamental de outros confrontos políticos – não abordados aqui. Este texto configura-se como um chamado para nos envolvermos com um processo de uma força que poderá destituir os indivíduos de seus próprios domínios para transmutar os agentes e modificar as estruturas de deliberação e os lugares do poder. Por exemplo, ao olharmos de hoje para junho de 2013 no Brasil, apesar da vitória dos protestos – que alcançaram a manutenção ou mesmo a diminuição do preço das passagens em mais de cem cidades –, se torna óbvio que, ao longo do ciclo deles, as coisas não saíram como planejadas. Posteriormente, aqueles desejosos da conformidade argumentaram que a não ação teria sido melhor. Ao contrário: uma política, como a que aqui propomos, que assume a deriva e o horizonte não definido jamais colocaria o problema na ação, no plano ou na execução do plano, mas criticaria justamente o fato de que a ação foi interrompida – e foi interrompida pelas conquistas, mas também porque se acreditou que, assim, as consequências indesejadas de um confronto político também ficariam suspensas.

Esse modo de proposição política se constitui como um desafio aos diferentes poderes estabelecidos. Sendo desafiantes, encontraremos alguns dos caminhos institucionais fechados. Diante disso, duas posturas simultâneas podem ser adotadas: ocupar espaços institucionais possíveis *e* ocupar as ruas. Essa estratégia significa que a política não se realiza isoladamente ou pelo empenho de um pequeno grupo em determinado território. É preciso ter uma força de implicação e convencer um público mais amplo da viabilidade de uma *solidariedade transversal* que envolva modificações transnacionais, mudanças no sentido do Estado, a criação de uma camada comunitária de poder e transformações efetivas e subjetivas do espaço doméstico. O ato de ir para as ruas, com diferentes performances e de diversas maneiras, não tem um caráter de predominância reivindicativa, mas pode ser uma instância de diálogo e, portanto, a ação que manifesta uma linguagem de convencimento de um público mais amplo.

Aqui se faz necessário abandonar o caminho de uma gramática técnica e andar na direção oposta daqueles que celebram a tecnologia como possibilidade predominante de conhecer a opinião instantânea dos sujeitos. Contra o poder que esvazia as palavras de sua força de afeição e expressão, que busca fazer delas algo que garante propriedades e, portanto, separações. Assim como os povos ameríndios, não vamos desejar uma unificação.[25] Não esperaremos o tão conjecturado consenso e a implicação de que ele aponte apenas um sentido. Não é possível um retorno ao passado. Não queremos uma "normalidade" como aquela que, antes mesmo da pandemia, já significava sofrimento psíquico e adoecimento.

Se faz necessária a coragem de propor conversas e de sugerir um programa imperfeito e inacabado, como ofensivas articuladas em uma encruzilhada, com uma linguagem capaz de construir laços e, portanto, carregada de expressão, de paixão, de implicação. As posições aqui colocadas não devem ser

---

25 – Ver Pierre Clastres, *A sociedade contra o Estado: pesquisas de antropologia política* [1977], trad. Theo Santiago (São Paulo, Cosac Naify, 2003), p. 148.

entendidas como a entrega de uma formulação pronta, mas como o ato de mergulhar e de se envolver nas múltiplas realidades existentes.

Que nenhuma estabilização signifique um retorno a uma normalidade opressora, mas implique concretamente em uma solidariedade que nos atravessa!

chão e terra

posfácio por Jean Tible

Em meio a nossa época de múltiplas crises conjugadas (econômica, política, sanitária, climática, existencial), o pesquisador, militante e trabalhador de saúde Paulo Spina nos desafia, com sua intervenção, a imaginar-realizar práticas de libertação. Se nos espreita a atualização (distópica e tecnológica) da sinistra doutrina do choque,[26] *Ofensivas* nos convoca a ampliar as brechas que esse momento trágico pode abrir. O apocalipse, em suas origens gregas, significa des-vendar, des-cobrir. O que nos revela a pandemia? A miséria de nossas relações sociais, com suas desigualdades aberrantes; a fraqueza das infraestruturas coletivas, fragilizadas pelas cruéis políticas de austeridade; as mentiras e os autoritarismos dos governos[27] e, também, dois pontos de partida cruciais (para a compreensão e para a ação): o chão e a terra.

Uma fissura fundamental desses tempos pandêmicos: a irrupção e maior visibilidade da questão de classe (apesar de ela ter estado sempre presente). Quem segurou a onda? Enfermeiras, cuidadoras e profissionais de saúde, condutores, lixeiros, coveiros, entregadores, caixas de supermercado, mães, avós, vizinhos e linhas e pontos de solidariedade e tantas trabalhadoras dos serviços essenciais e da logística da vida cotidiana. Cinco anos atrás, Judith Butler refletia sobre o momento político-econômico vivido sob o signo da precariedade, compreendendo-a como

---

26 – Ver Naomi Klein, "Coronavírus pode construir uma distopia tecnológica", em *The Intercept Brasil*, 13.mai.2020, disponível em: https://theintercept.com/2020/05/13/coronavirus-governador-nova-york-bilionarios-vigilancia/.

27 – Esses pontos estão mais desenvolvidos no meu texto, "apocalipse e/é revelação", em *Quarentena Times #2*, jornal da pandemia da Autonomia Literária (São Paulo, Autonomia Literária, 2020).

a "situação politicamente induzida na qual determinadas populações sofrem as consequências da deterioração de redes de apoio sociais e econômicas mais do que outras, e ficam diferencialmente expostas ao dano, à violência e à morte". Nesse contexto, ela percebia uma "guerra contra a ideia de interdependência, contra [...] uma rede social de mãos que busca minimizar a impossibilidade de viver uma vida vivível",[28] que se torna ainda mais aguçada hoje.

A potência do cuidado das profissões desprezadas, mal pagas, de pouco prestígio social, com péssimas condições de trabalho e empecilhos (ocasionados pelos poderes instituídos) para se reunir e inventar, ficou escancarada. David Graeber já apontava a mudança na classe trabalhadora estadunidense, na qual a figura típica transitou do homem metalúrgico do cinturão de ferro para a mulher – enfermeira ou professora – por toda parte, dando um sentido mais forte à classe que cuida, que se importa, que sustenta a vida.[29] Poderia essa nova situação dar um fôlego às lutas nos locais de trabalho e de vida, com renovados modos de se organizar coletivamente?

Chão de fábrica, de ruas, vielas, bairros, aldeias que remetem a certas tradições revolucionárias e seu "tesouro perdido" na forma de criações políticas que

---

28 - Judith Butler, *Corpos em aliança e a política das ruas: notas para uma teoria performativa de assembleia* [2015], trad. Fernanda S. Miguens (Rio de Janeiro, Civilização Brasileira, 2018), p. 40; 76.

29 - Ver David Graeber, *Um projeto de democracia: uma história, uma crise, um movimento* [2013], trad. Ana Beatriz Teixeira (São Paulo, Paz e Terra, 2015); e David Graeber, "Caring too much. That's the curse of the working classes", em *The Guardian*, 26.mar.2014, disponível em: https://www.theguardian.com/commentisfree/2014/mar/26/caring-curse-working-class-austerity-solidarity-scourge.

brotam "em todas as revoluções genuínas ao longo dos séculos XIX e XX"[30] em de conselhos (operários), e também em comunas, comunidades, quilombos, assentamentos, retomadas, ocupações, coletivos artísticos e tantos espaços de encontros-vidas-lutas. Um elemento fundamental da imaginação política radical conecta-se à (re)ativação dessas práticas – *a autogestão generalizada*, "a posse direta dos trabalhadores sobre todos os momentos de suas atividades".[31] Algo disso ocorreu no fim dos anos 1970 no Brasil – e abateu a ditadura militar –, com os laços entre levante operário, camponeses e seringueiros, movimento negro emergente, movimentos das mulheres nas periferias e organização de alianças como a dos povos da floresta. Ou com as insurreições democráticas da última década, que buscavam e ainda buscam o revés da precariedade, ou seja, a constituição dessa interdependência – das infraestruturas da vida contra essas políticas da morte. E que procuram, também, uma reformação das redes de interdependência dos organismos vivos, bem como expressam uma noção e prática de habitar territórios.

Torna-se fundamental, nesse plano, traçar elos entre capitalismo e "natureza". O novo coronavírus (e seus antecessores de 2003, as chamadas gripes aviária e suína) foi "gestado no nexo entre a economia e a epidemiologia", passando de animais para pessoas humanas. Esse "salto de uma espécie para outra é condicionado por questões como proximidade e regularidade do contato, que constroem o

---

30 – Hannah Arendt, *Sobre a revolução* [1963], trad. Denise Bottmann (São Paulo, Companhia das Letras, 2013), p. 313.
31 – Guy Debord, *La société du spectacle* (Paris, Gallimard, 1967), p. 47.

ambiente em que a doença é forçada a evoluir" e se alimenta da "panela de pressão evolutiva criada pela agricultura e urbanização capitalistas".[32] O agronegócio, a agricultura industrial e suas monoculturas (de grãos e animais, mas também a monocultura existencial que expressam) constituem um meio ideal para seu desenvolvimento.

O tempo anterior, o Holoceno, "foi um longo período em que os refúgios, os locais de refúgio, ainda existiam, e eram até mesmo abundantes, sustentando a reformulação da rica diversidade cultural e biológica". O debate contemporâneo a respeito de estarmos vivendo no Antropoceno, Capitaloceno ou Plantationceno reflete, assim, a "destruição de espaços-tempos de refúgio para as pessoas e outros seres".[33] Na contramão dessa empobrecedora (e antes celebrada e chamada de) "revolução verde", se situam os povos indígenas no Brasil, cuja ação foi e é decisiva para "o enriquecimento da cobertura e dos solos da floresta", mantendo "por conta própria, por gosto e tradição, as variedades em cultivo e [observando] as novidades". Existem na Amazônia uma centena de variedades de mandioca e dezenas de batatas-doces, favas e pimentas cultivadas pelos Kaiapó, Wajãpi, Baniwa e outros povos, que, "mais do que selecionadores de variedades de uma mesma espécie", são, "de fato, *colecionadores*".[34]

---

32 – Coletivo Chuang, *Contágio social: coronavírus e luta de classes microbiológica na China* (São Paulo, Veneta, 2020), p. 23.

33 – Donna Haraway, "Antropoceno, Capitaloceno, Plantationoceno, Chthuluceno: fazendo parentes", em *ClimaCom*, ano 3, n.5, "Vulnerabilidade", 2016.

34 – Manuela Carneiro da Cunha, "Povos da megadiversidade: o que mudou na política indigenista no último meio século", em *Revista Piauí*, n. 148, jan.2019.

O clássico filósofo do pensamento político Thomas Hobbes pensa a natureza (e as relações sociais) na chave da célebre frase "O homem é o lobo do homem", ou seja, na ideia da competição bruta e permanente[35]. Essa chave – que inspira posteriormente leituras equivocadas de Darwin (do chamado darwinismo social) – compõe uma falsa imagem dos lobos, que, na verdade, são gregários e cooperam entre si, distribuindo a caça para os mais frágeis da alcateia.[36] Tal concepção se traduz igualmente em uma forma de fazer ciência, pensar, pesquisar e lutar.

A esse modelo de conhecimento hipermasculinizado e dominador da natureza, das mulheres e pessoas racializadas, se opõem Paulo e seu pensamento-ação, com sua aposta pela solidariedade transversal. Uma reflexão situada, a partir de seu trabalho e seu engajamento cotidianos em um setor-chave para todas as pessoas: a saúde coletiva. O coronavírus traz uma sinistra revelação hobbesiana: o aumento das desigualdades combinado com mais autoritarismo; um aprofundamento ainda maior da guerra contra a população e da destruição do que nomeamos – equivocadamente – de natureza ou meio ambiente. Outro caminho, espinosiano,[37] seria trilhar o sentido etimológico do termo "catástrofe" (fim súbito ou grande virada), mas agora em relação ao vírus chamado

---

35 – Ver Thomas Hobbes, *Leviathan or the matter, forme and power of a common-wealth ecclesiasticall and civil* [1651], ed. e trad. Ian Schapiro (New Haven, Yale University Press, 2010); ed. bras.: *Leviatã*, trad. João P. Monteiro e Maria B. N. Silva (São Paulo, Martins Fontes, 2003).

36 – Ver Frans de Waal, *Eu, primata: por que somos o que somos*, trad. Laura Motta (São Paulo, Companhia das Letras, 2005).

37 – Ver Espinosa, *Tratado político* [1677], trad. Diogo Pires Aurélio (São Paulo, Martins Fontes, 2009).

capitalismo – compreendendo esse sistema como a enfermidade mesma, causadora de adoecimento das pessoas. Quais medicinas, curas e cuidados conseguiremos resgatar e inventar?

Inúmeros povos, corpos dissidentes e seres vivos nos mostram e indicam caminhos. Os mesmos que foram tantas vezes, nos últimos séculos, colocados no campo da natureza e, assim, situados como descartáveis após o exercício da exploração. Esse predomínio do Homem sobre a Natureza põe em risco a vida humana, e sua sobrevivência depende agora de ouvir os antes considerados "não modernos", cujos relatos sempre levaram em conta as atividades das vidas, humanas e não humanas. Muitas das vidas que estavam fora do estatuto de Homem impuseram sua presença pelas lutas, passando a ser imprescindíveis – e, agora que estamos nos livrando do Homem e da Natureza, os "entrelaçamentos interespécies que pareciam coisa de fábulas são agora material para debate sério entre biólogos e ecologistas, que mostram como a vida requer a interação de vários tipos de seres. Humanos não podem sobreviver pisoteando todos os outros".[38]

Essa perspectiva abrange, de distintas formas, os povos indígenas do continente americano e suas lutas contemporâneas, em uma insurgência em curso que questiona e desloca as concepções políticas habituais (inclusive da chamada esquerda). Tal entendimento está presente na oposição Mapuche no contexto da disputa a respeito da extração de petróleo no campo de Vaca Muerta na Argentina, para quem seus territórios "não são 'recursos', mas vidas que fazem

---

38 - Anna Lowenhaupt Tsing, *The mushroom at the end of the world: on the possibility of life in capitalist ruins* (Princeton University Press, 2015), p. vii.

o *Ixofijmogen* do qual somos parte, e não proprietários". E, igualmente, nas lutas camponesas no Istmo de Juchitán em Oaxaca, no México, que "rejeitaram a instalação de moinhos de vento que transformariam a relação entre ar, pássaros, água do oceano, peixes e pessoas". Nazario Turpo, *pampamisayoq* ("especialista em rituais") quechua, diz à antropóloga peruana Marisol de la Cadena que Ausangate (uma montanha) não iria permitir a mina em Sinakara (outra montanha, situada no mesmo complexo) – despertaria sua ira, e isso poderia matar pessoas. Para evitar essa fúria, seria prudente não mexer com ela, o que se reforça por conta das novas técnicas de extração que causam a destruição total das montanhas (quando antes eram traçados túneis que não as suprimiam).[39]

Nesses contextos, não funcionam as distinções entre natureza e cultura, que fundam as compreensões predominantes de política (e ciência) e questionam o monopólio da ciência para definir o que é natureza e os entendimentos oficiais-estatais do que é política, e por isso se despem dessa pretensa universalidade. Planeta comum e mundos incomuns? Defesa do espaço socionatural e oposição à voracidade capitalista se articulam, mas também – e sobretudo – manifestam um modo de vida. De la Cadena traz as palavras de Leni, liderança AwajunWampi, que, ao falar do rio, diz estar se referindo aos "irmãos que matam nossa sede, que nos banham, que cuidam das nossas necessidades". Por isso, "não usamos o rio como esgoto; um irmão não pode esfaquear outro irmão". Daí sua oposição às empresas transnacionais que se "importam

---

39 – Ver Marisol de la Cadena, "Indigenous cosmopolitics in the Andes: conceptual reflections beyond "Politics", em *Cultural Anthropology*, v. 25, Issue 2, 2010, pp. 346.

apenas em se beneficiar economicamente, em acumular fortuna. Não entendemos por que o governo quer arriscar nossa vida com esses decretos". Tais vidas-lutas explicam a força e a contundência do enfrentamento a esses enormes projetos de infraestrutura que destroem sítios sagrados, mundos, formas de vida – e se expressam, de diversos modos, em vários povos ameríndios, operando do norte ao extremo sul do continente, passando por praticamente todos os países (Standing Rock contra o Dakota Access Pipeline nos EUA, o acampamento Unist'ot'en no Canadá, Belo Monte no Brasil, Yasuní no Equador, além dos exemplos citados e muitos outros que podem compor um longo levantamento). Fios que se conectam, mas sempre remetem a situações locais particulares, essas narrativas expõem, em diferentes registros, uma política que envolve "não apenas um rio, também uma pessoa; não apenas água universal, também água local; não apenas montanhas, também seres da terra; não só terra, também *Ixofijmogen*".[40]

Terra comum habitada contra a propriedade privada, apropriação, expropriação e exploração capitalistas. Confronto entre mundos. A busca do controle e da disciplina dos corpos coletivos, a perseguição dos saberes e das práticas expressam o combate a essas relações – o capitalismo sendo, assim, compreendido como destruição de mundos, como parte de uma longa guerra colonial ininterrupta nas Américas, à qual se contrapõe um anti-capitalismo com fertilidade cósmica. Isso envolve outra concepção de pensamento e de prática política. Davi Kopenawa define os

---

40 - Marisol de la Cadena, "Natureza incomum: histórias do antropo-cego", em *Revista do Instituto de Estudos Brasileiros*, São Paulo, n. 69, abr.2018, p. 106-108; 97-98; 111.

espíritos xapiri como "um tipo de médico: trabalhando, curando e espantando espírito mau. Também chamando a riqueza da terra. O povo precisa da riqueza da terra: caça, peixe, chuva, verão...".[41]

Haveria, assim, um confronto antigo entre hierarquias e suas subversões e, como dito pelo Indigenous Action, o "colonialismo é uma praga" e o "capitalismo é uma pandemia", diante dos quais "nós somos os anticorpos".[42] Como? Pelas ações de apoio mútuo e cuidado-cura contra o capitalismo tóxico que se alia ao espírito Xawara da epidemia – como o chamam os Yanomami. Desde a floresta viva, as retomadas de terra, as danças dos corpos terrenos e celestes, os ritos, atos e protestos, as sublevações e insurreições, pequenas e grandes, os encontros e as lutas na biosfera, irrompem novos materialismos. Tudo está conectado, desde as bactérias – "nossos ancestrais", que indicam "o verdadeiro *continuum da vida sobre a Terra*" e sem os quais não estaríamos aqui, nem mesmo nossa "primeira célula"[43] – até os espíritos que, em todos os tempos e espaços, lutam-cuidam.

Como indica Paulo, isso envolve e implica uma transformação radical-existencial que faz lembrar uma famosa frase dos parceiros Marx e Engels: "Na atividade revolucionária, o transformar a si mesmo

---

41 – Davi Kopenawa, "Fala, Kopenawa! Sem floresta não tem história: entrevista a Carlos M. Dias Jr. e Stelio Marras", em *Mana*, v. 25(1): 236-252, 2019, p. 240.

42 – Indigenous Action, "Repensando o apocalipse: um manifesto anti-futurista indígena", trad. Amauri Gonzo, em *Blog da GLAC edições*, 2020, disponível em: https://www.glacedicoes.com/post/repensando-o-apocalipse-um-manifesto-anti-futurista-indigena-indigenous-action.

43 – Anônimo, "Monólogo do vírus", em *lundimatin*, 16.mai.2020, disponível em: https://lundi.am/Monologo-do-virus.

coincide com o transformar as circunstâncias".[44] Contra as pandemias (coloniais, capitalistas, extrativistas, racistas, machistas, etnocidas...), novas alianças entre espécies, associação de redes das existências e internacionalismo intergaláctico. *Vida selvagem!*

―

44 - Karl Marx e Friedrich Engels, *A ideologia alemã* [1845-1846], trad. Rubens Enderle e outros (São Paulo, Boitempo, 2007), p. 209.

sobre o autor

Na infância, Paulo Spina viveu um contexto de solidariedade comunitária acompanhando as ações de sua mãe, que auxiliava a vizinhança com questões de saúde. Tomou contato com as lutas políticas por meio das histórias que seu pai narrava sobre o tempo de estudante nos confrontos contra o regime militar. Sua vida se transformou quando, aos 17 anos, descobriu que seria pai de Larissa – hoje com 21 anos. A paternidade foi apaixonante e um processo de reflexão para lutar por um mundo melhor. Mais três filhos chegaram depois disso: o Diego, de 15 anos; a Mell, de 12 anos; e o caçula Artur, de apenas 1 ano de vida.

Graduou-se em Educação Física e trabalhou como professor em escolas e órgão de saúde pública, setor no qual atua há 15 anos, especialmente a serviço da saúde mental. Nesse contexto, envolveu-se em diferentes lutas, participando da criação do Fórum Popular de Saúde. Tornou-se, em 2016, mestre em Ciências Sociais pela Unifesp e atualmente é doutorando no programa interdisciplinar da FFLCH-USP – Programa de Pós-Graduação em Humanidades, Direitos e Outras Legitimidades –, estudando os grupos políticos de direita, suas ações nas ruas das cidades e nas eleições.

Mantém seu envolvimento nas lutas pela saúde. Participa de um jornal comunitário, o *Fontes da Água Funda*, e do Coletivo Horizontes. É casado e esforça-se para viver a paternidade com participação ativa na vida dos quatro filhos.

Dados Internacionais de Catalogação na Publicação (CIP) de acordo com ISBD

S757o Spina, Paulo

Ofensivas: a potência do não retorno à normalidade / Paulo Spina ; ilustrado por Pedro Andrada. - São Paulo, SP : GLAC edições, 2020. 80 p. : il. ; 19cm x 12cm. – (Câmara Hermética)

Inclui bibliografia, índice e anexo.
ISBN: 978-65-86598-04-9

1. Ciências políticas. 2. Solidariedade transversal. 3. Pandemia. 4. Trabalhadores de saúde. 5. Transformações sociais. 6. Transformação doméstica. 7. Ofensiva revolucionária. 8. Organização autônoma. 9. Comunismo contemporâneo. 10. Estado sem hierarquia. 11. Imaginação política. 12. Comunitarismo. 13. Sororidade. I. Andrada, Pedro. II. Título. III. Série.

2020-1634   CDD 320
                                                       CDU 32

Elaborado por Vagner Rodolfo da Silva - CRB-8/9410

Índice para catálogo sistemático:
1 Ciências políticas 320
2 Ciências políticas 32

*este livro foi impresso nos papéis Pólen Soft 80gr (miolo)
e Triplex 250gr (capa), nas famílias das fontes Arnhem Pro
e HK Grotesk em agosto de 2020 pela Graphium.*

978-65-86598-04-9